BIOGRAFÍA DE LA AUTORA

Yolanda Rodríguez Galaviz nació en Apizaco, Tlaxcala, México. Médica de profesión se ha dedicado al ejercicio de la medicina privada, en su comunidad, y a la docencia en el Centro de Bachillerato Tecnológico Industrial y de Servicios Nº 212 en Tetla, Tlaxcala, México, desde hace tres décadas.

Es amante de la poesía, la música y la pintura. *El rincón de mis recuerdos,* libro editado por CONACULTA en México, ha sido el resultado de su primera incursión en la poesía.

En 2003, creó la agrupación *Fundación Quetzalli Renacer,* grupo de ayuda mutua para padres en proceso de duelo.

Con motivo de esta actividad de terapia para la superación del duelo, continúa con su preparación como Tanatóloga en el Instituto Mexicano de Psicooncología, donde también funge como docente en el diplomado de *Tanatología y Manejo del Duelo.*

QUETZALLI

§

YOLANDA RODRÍGUEZ GALAVIZ

Número de Control de la Biblioteca del Congreso de EE. UU.:   2014904940
ISBN: Tapa Blanda   978-1-4633-8088-5
                               Libro Electrónico   978-1-4633-8087-8

Para realizar pedidos de este libro, contacte con:
Palibrio LLC
1663 Liberty Drive
Suite 200
Bloomington, IN 47403
Gratis desde EE. UU. al 877.407.5847
Gratis desde México al 01.800.288.2243
Gratis desde España al 900.866.949
Desde otro país al +1.812.671.9757
Fax: 01.812.355.1576
ventas@palibrio.com
610888

Índice

IN MEMÓRIAM
QUETZALLI

A Dios, por darme la vida.

Con amor para Arnulfo.

A mis hijos con todo mi amor:
Juan Pablo, Quetzalli (†), Gustavo y Mariana.

A mis padres con veneración.

Con cariño para mis catorce hermanos.

QUETZALLI

Un hecho definitivo, en la era de la globalización, es que la poesía es uno de los pocos senderos que pueden salvarnos –otro es la espiritualidad. Leer y escribir poesía nunca han sido cuestiones multitudinarias, mucho menos ahora. Las personas que tienen la fortuna –¿la Gracia?– de estar cerca de la poesía disponen de un mirador privilegiado desde donde observan al mundo y lo describen, y mirando al mundo se ven a sí mismos y pueden encontrar la salvación.

Cuando la desazón y el sufrimiento se exacerban, el dolor se hace tan agudo que lastima el alma y el único bálsamo posible es la poesía o la espiritualidad… o ambas. Yolanda Rodríguez Galaviz es una mujer sensible, que ha hecho de la poesía parte importante de su vida. El trabajo constante y la perseverancia florecen en este nuevo poemario.

La poesía de Yolanda Rodríguez Galaviz es un método que transforma sus emociones, la libera de las aflicciones, la reconcilia con la vida, la fortalece para hacerla una mujer de una pieza: Escribir versos es un ejercicio de vida que ha ido construyendo paulatinamente. El amor y el dolor, la tristeza y la alegría, ocupan su lugar en los versos de Quetzalli.

Para los que tenemos la oportunidad de convivir cotidianamente con Yolanda, es un enorme gusto saludar la aparición de esta *plaquette*.

Efrén Minero
Agosto de 2012

AUSENCIA

No estás de viaje,
no, en tu salón de clases;
te has ido, no te veré más.
Me duelo,
me dueles,
me duele tu piel de niña,

        la ausencia de tu sonrisa.

Me convenzo de que no estás,
me pregunto: ¿dónde quedó tu esencia?
Me responde el eco

        de mi voz en las paredes.

ALAS AL VIENTO

Como gacela herida,
con el fervor doliente,
te alucino al final del arcoíris.

Con mis alas al viento,
ansío tu regreso.

Cuando el invierno salga por la ventana,
entrará la primavera.

Me refugio entre los muros,
vacíos y llenos de ti,
saturados con tu aroma.

Con el alma traspasada,
exhausta, en mis largas soledades,
febril y recia tempestad
obnubila mi esperanza
desmigando mis deseos.

VIOLETA PÁLIDO

Te contemplo, duermes,
beso tu frente y tus mejillas.

Lento transcurre el tiempo.

Una sombra etérea,
silenciosa, se apodera de tu aliento.

Violeta pálido que cubre tu faz
augurando que el final se acerca;
blanda cera, ardiente y erguida,
tu silueta frágil se dibuja en la cama.

Enfrentas ávida lucha
aferrándote a la vida.

Olas glaciales y silenciosas
se apoderan de tu alma
que intenta asirse a este mundo
y escapar de los flagelos
que te sujetan a lo incierto.

La muerte te envuelve entre sus fauces,
por esa línea
inesperada,
impetuosa,
indolente.

SECRETO

Esa noche, con el chisporrotear de las velas,
apenas percibí en tu mirada
un halo de tristeza,
una sonrisa de resignación dibujada
con la brisa del amanecer.

Me abracé a tu pecho
murmurando un adiós muy quedito.

Caminé entre espinas y abrojos,
entre nubes y sombras,
guardando el temor
en mis adentros.

Sutil despedida,
secreta,
insólita,
inesperada,
que atormentó mi alma
y me hundió en la incertidumbre.

VESTIDURA BLANCA

Hoy amanecí nostálgica,
con una opresión que me ahoga.

Gente va y viene,
es un día triste.

Al salir del templo,
dirijo la mirada al cielo:
el sol brilla diferente.

Lentas las horas transcurren.
Espero tu llegada.

El taaan taaaan taaaaan
de las campanas
anuncia que estás cerca.

Con vestidura blanca,
acudes a la despedida
hacia tu morada final.

La multitud se arremolina
repartiendo sus pesares,

permanezco impasible
ante el féretro,
viendo como mi vida
es flor que se deshoja.

ENCUENTRO

Me encontraré contigo.
El sol parece brillar.
Mi corazón late apresurado.
Después de una larga espera,
el vacío y la soledad quedaron atrás.

Me encontraré contigo
al final del arcoíris
con los brazos abiertos.
Después de tanto tiempo,
mi niña adorada,
haré el viaje sin retorno
donde la paz y la tranquilidad imperan.

Me encontraré contigo.
Despertaré a tu lado
contemplando tu mirada
y tu dulce sonrisa.

ORACIÓN

A través de la ventana
         miro pasar mi destino,

ensimismada en mis recuerdos,
         hundida en mis pensamientos.

Con el pesar que dejan las malas noticias,
         percibo la angustia de un adiós sin razón.

Sin articular palabra,
         medito una oración.

Musito para mis adentros:
         la vida es así,
nos depara sorpresas inesperadas.

Como hoja que se lleva el viento,
         el destino te arrancó de mi lado.

VIVE

Parada en el pórtico,
contemplé tu fotografía esta mañana.
La sensación de que el tiempo se detuvo
me acompaña en ese instante.

Observé tu mirar sonriente,
tus ojos parecían decir:

Sé feliz por siempre,
vive el ahora.
No te aferres a mi recuerdo.
Estoy libre como mariposa,
vive la vida intensamente.
Déjame partir,
no sufras por mi ausencia.
Estaré contigo
velando tus noches.

ÉXTASIS

Con los latidos acompasados
de mi quebrantado corazón,
en la penumbra de mi existir,
percibí tu esencia.

Como agua que se desliza
sin aspaviento,
a mí regresaste
cuando te creí perdida.

Asida de amor, te cobijé entre mis brazos,
en un sublime reencuentro.
La tozudez por tenerte
me sume en el letargo.

La soledad quedó atrás.
Impregna mi mente
la presencia de tu aroma.

ORFANDAD

Inerte entre mis brazos,
desvalida ante mis ojos,
impotente en la heroica lucha,
te aferras a la vida con uñas y dientes.

Cruzas la línea sin tiempo,
tu cuerpo, deja un vacío.
No veré más tu dulce rostro,
me quedo en la orfandad.

No alcanza el bramido de las olas
para desahogar mi dolor,
te miro en la oquedad
que precede a la muerte.

Te veo y se clavan las espuelas
en mi pecho adolorido.
No estás ahora,
la oscuridad me aterra.

Estremecida,
lamento tu inexistencia
aferrándome al muro donde lloro tu partida
en la espesura de la noche.

Cual fiera herida,
agazapada en la noche,
se oyen mis lamentos
que se pierden en la niebla.

AMARGURA

Vagando por el laberinto,
me lamento por tu ausencia.
¿Qué le debo a la vida
que tu presencia me arrebata?

Ya no veré más tu dulce rostro
tu sonrisa fresca.

De bruces en el piso,
como perro rabioso,
aullando mi dolor
te acompaño
en tu frenética lucha.

Inútil fue.
La muerte te ganó la partida.

En vano supliqué
que de mí no te alejara.
Tu destino estaba escrito.
Solo lloré… lloré…. lloré.

EL FARO

El canto de las sirenas
taladra mis oídos.
Tu ausencia eterna
transforma mis sentidos.

El faro espeluznante
permanece en mi recuerdo;
no olvido un solo instante
tu cuerpo inmóvil.

Quiero apartar de mí esa imagen
que traspasa mi conciencia.
Solo suplico al Creador
tener la gloria de tu esencia.

TORMENTA

La cuna vacía
que dejó mi hija muerta
es tormento atroz
que me tortura,
pena brutal que me aniquila.

Soledades que se repiten
mi alma, otrora estrella fulgurante,
se apaga por el dolor de tu ausencia.

Como cadáver, cada mañana me levanto.
No encuentro tus manos, tu pelo,
tu sonrisa.

Me obliga el deber a incorporarme,
solo quiero mirar tu rostro,
consolarme con tu voz.

UN ÁNGEL EN EL CIELO

Señor, te faltaba un ángel
que al cielo ascendiera.

Me diste uno por corto tiempo
que me llenó de ternura.

Perdona mi atrevimiento.
No comprendo
la razón de tus designios.
Quiero a mi ángel en la tierra.

Porque solo de pensar
en mi niña tan lejana…
que no la veré más…
esa decisión Tuya me aterra.

No es blasfemia, Señor mío,
es solo el dolor
que me ha sumido
en constante desvarío.

SOLEDADES

Me revuelvo en la marisma
de la confusión,
veleta arrastrada por el viento
sin saber a dónde voy.

En este pasaje ardiente de mi vida,
la fina pureza de mi llanto
es óleo derramado
en mis largas soledades.

¿Que soy?
Nada.

¿Tigre enardecido?
que se revela ante el destino.
El enigma que rodea mi vida.
Esa urdimbre
de colores mal combinados.

La marejada es válvula de escape.

Líneas

Mi hija y yo comimos
la yerba amarga y el pan ácimo.

Enriqueta Ochoa

Desperté desolada.

Tiempo ha que me dejaste;
si tan solo te hicieras presente
en mis sueños,
calmaría la tempestad
de mi alma atormentada.

Da vueltas en mi mente,
la línea ensangrentada
que juntas cruzamos,
ávidas por regresarte
a este mundo.

BENDICIÓN

Duerme, mi niña, duerme.
Mientras yo te arrullo,
sigue la luz que iluminará tu sendero.

Duerme, mi cielo, duerme.
Que velaré tu sueño
y un coro de ángeles
te reciba en las puertas del cielo.

Duerme, mi dulce amor, duerme.
Que el camino es largo,
con la llama de mi cariño
hecho de luz.

Duerme, chiquita, duerme.
Que el Señor te bendiga,
guarde en tu relicario
indulgencias en tu andar

Duerme, mi niña, duerme.
Que mis palabras te acompañen,
que mi veneración fortalezca
tu camino al paraíso.

ALEGRÍA

Vestida de fantasía,
el rostro tizonado,
llena de algarabía,
con tu traje colorado.

Bailar era tu pasatiempo
Chiapas, México, Veracruz,
andabas orgullosa
hasta con traje de Andalucía.

Alegre zapateado,
sonrisa dibujada
en tu rostro emocionado,
tu tez bien maquillada.

Con traje de tailandesa,
en aquel patio de duela,
realizabas tu proeza
bailando en la escuela.

SOMBRA

¿Cómo olvidarte?
Vagando, mi mente
se empeña en olvidarte;
pero mi necio corazón
se resiste a dejar de amarte.

Cual sombra sigilosa,
con la mirada en el infinito,
te evoca mi pensamiento,
te repite a cada instante.

¿Cómo olvidar tu sonrisa?
Si te llevo en mi memoria,
hoja arrastrada por el viento,
tu voz forma parte de mi historia.

Flor que se deshoja
persiguiendo tu recuerdo.
¿Cómo hacer para olvidarte?

EL ANTURIO

El sol entra a raudales
acariciando con sus destellos
la corola del anturio
que alberga entre su pétalo,
como crisálida en su capullo,
a su radiante pistilo.

Arrobada,
por su singular belleza
y el perfume de su aroma,
me dejo envolver por el embrujo.

Deposito un beso
en su aterciopelada superficie
e invoco tus caricias.

EL ROBLE

Me refugio entre el follaje
saturado con tu esencia
y el eco de tu voz.

Aquel roble que cobijó nuestro destino
intangible, desdibujado
con su frondosa sombra.

El ruiseñor, con sus trinos,
ahora me recuerda
tiempos que se fueron
como aire a bocanadas.

Inerte, me transmuto
crisálida en su capullo
en las garras del olvido.
La impotencia de mi aliento
agazapada en sus raíces.

MI UNIVERSO

Una sensación de alivio,
como si el pasado triste
se hubiese disipado,
inunda mi alma,
un encuentro inesperado.

Mi universo permanece imperturbable.
Una veta de oro
descubro en ese momento,
¿es acaso tu regreso?
O que te pensé tan distante.

ABISMO I

El oleaje te arrastró
hacia la abisal llanura.
Quedé estupefacta
con el alma llena de amargura.

Aquel torbellino te envolvió
a lo más remoto.
Ese abismo de soledad
me lleva a lo profundo.

La mar embravecida
desoye mis desvelos.
Pero el ulular del viento
se torna en un lamento.

Triste marisma se ve
en el horizonte.
Aquel azul turquesa
con el dolor se resquebraja.

INCREDULIDAD

Incrédula soy
en la noche y en el día,
que llegarás a mi vida.
En el pecho,
no me cabe la alegría.

Veo tu rostro y no lo creo;
percibo tus pasos agigantados,
toco tus manos extendidas
que invocan mis sentidos.

Tu llegada a mi entorno
le da sentido a mi vida;
las cosas comunes
se tornan importantes.

Arribaste, dejando una estela
de luz en mi camino.
Esa sorpresa
el destino me deparaba.

LAS HORAS

Tú eres para mí
lo que el agua a la vida,
el sol a la luna,
la noche a las estrellas,
las sirenas a la mar.

Eres para mí, el aliento
como el corazón al sentimiento.

Cuántas horas
pasé a tu lado
en la cumbre de la felicidad.

Lo imposible de mi sueño,
que me llegaras a amar
se convirtió en realidad.

A MI PADRE

Aprendí de mi padre,
a defender la verdad intacta.
La rectitud de sus consejos
forjó mis anhelos.

Aprendí de su entereza
a la adversidad vencer,
fuerte como un roble.

Sus consejos, cuando niña,
sus relatos y cuentos
en el rescoldo del hogar,
yo disfrutaba.

En mis noches de insomnio,
con terribles pesadillas,
su voz fuerte y serena
me libraba del terror.

Mi padre dice siempre:
Condúcete con la verdad,
es costumbre de gente honesta.

A él, le debo la vida,
esta no me alcanza
para agradecer sus cuidados.
Por todo esto,
¡soy lo que soy!

ESTACIONES

Cuando jugamos a querernos.

               Un instante gris,

un día nublado,

               una tarde triste.

¡No recuerdo!

Cuando jugamos a querernos.

               Mañanas soleadas,

viento cálido, brisa fresca,

               Primavera.

¡Bien que las recuerdo!

Cuando jugamos a querernos.

               Hojas sepia, ocres y moradas,

guardo en mi memoria,

               ese otoño idolatrado.

¡Sí que me acuerdo!

Cuando jugamos a querernos.

               Nívea tundra y aire tibio,

ese invierno anhelado.

               ¡Sí lo recuerdo!

Cuando jugamos a querernos.

A POMPEYO

Entre forraje y ganado,
tu alma de niño se forjó.
Con la piel ajada,
por el frío inclemente del invierno,
el llanto resbalando en tus mejillas
el hambre que tu cuerpo corroía,
creciste entre amarguras,
golpes y maltrato,
arreando vacas en el llano.

Junto al jagüey,
con el sonido de tu flauta,
tratabas de aliviar tus penas,
librarte de ese yugo
que día a día te atormentaba.

Un buen día, en el horizonte,
al vislumbrar otros mundos,
con tus escasos dieciséis,
con fusil al hombro
y verde camuflaje,
enfilaste tu destino.

Mil y una batallas
forjaron tu férrea voluntad,
arrestos y castigos
no minaron tus deseos.
Tronco erguido y orgulloso,
nunca se dobló ante nada.

Una, dos, tres y más caídas
con estoicismo soportaste.
Esa casta orgullosa
de antepasados milenarios
de pie te mantuvo.

Se perfila en el horizonte
aquel traje de caqui,
botas firmes de soldado,
botonadura dorada,
entre blanca seda
y labios carmesí,
recorriste tu destino
cosechando triunfos por doquier.

EL ADIÓS

Aquel árbol
           creció con mis anhelos.

Por veinticinco años,
           supo de mis desvelos.

Bajo su sombra resguardó
           días serenos, sueños de plata.

Hoy resguarda mis sollozos
           por el adiós inevitable.

Río fecundo

Me resguardé en tu vientre,
blandiendo tú la espada,
cuando la daga empuñada
amenazó mi vida.

Me hice pequeñita
para que no me viera
el demonio amenazante
que de tu seno quería arrancarme.

Aquel indolente flagelo
ríos fecundos quería cercenar
cuando el fuego quemante
se apoderó de tu cuerpo.

Indefensa ante el destino,
ofrendaste tu vida
a cambio de la mía,
saliendo victoriosas de la adversidad.

¿QUÉ HAGO, AMOR?

Surges como rayo de luz
inundando mi existir.
Sonrisas en el devenir del tiempo,
asteroide en el infinito,
pluma que se lleva el viento.

¿Qué hago con el recuerdo?
Tus tibias manos recorriéndome,
encuentro breve sin palabras.
Hoy, noches solas y sombrías,
evocando tu nombre cada instante.

Qué hago con este dolor,
que taladra mi alma.
Tú, perdido en la distancia,
atrapado en mi pensamiento.

¿Qué hago, amor?
Mis manos vacías que anhelan
la tibieza de las tuyas.
Tu esencia atrapada en mi pensamiento.
Dime, ¿qué hago, amor?

SUEÑOS

Soñé con tu mirada triste,
tu sonrisa fresca,
tu andar de prisa.

Me soñé entre tus brazos,
perdida en la cumbre
de tus nevadas sienes.

Soñé despierta en el coral profundo.
En el piélago de mi inconsciencia,
soñé contigo.

DESDÉN

Sin darme cuenta,
me fui alejando,
dejé de quererte,
de extrañarte en vano.

No seré más
juguete entre tus manos,
soportando tus desdenes,
tu brutal indiferencia.

Ya no me hacen vibrar
tus caricias nuevas,
y lenta, lentamente,
te esfumas de mis pensamientos.

Distancia

Tu mano se posó en la mía,
en tu hombro mi cabeza,
tu aliento embriagó mi pecho.
Te pienso lejos y distante.

Soñamos a querernos,
por siempre nos amamos;
sin embargo, la adversidad vencimos.

MONTAÑA

Escalo la montaña,
reto al destino adverso
para alcanzar la cima.

Atrapo la felicidad
viendo pasar mi destino.

DÁDIVA

Recoges entre tus manos
la desnudez de mis besos,
pálida sombra de mis caricias,
como de órdago el tatuaje
impreso quedó en mi piel.

Dádiva implícita,
que me prodigó tu querer;
sin vaguedades retornan
los recuerdos a mi mente,
aquellos instantes
de íntimos antojos.

FUGACIDAD

Días sin tiempo

se llevaron mis sueños.

Sobrevivo sin vivir,

sollozos que me ahogan.

Daga que atraviesa mi pecho,

sola en el silencio de la noche.

Lamento a cada instante

la fugacidad de aquel momento.

Este fuego acerado que languidece

como válvula de escape.

OLEAJE

Atrapada en el tiempo,
tu inesperada ausencia.
En la bruma, tu caminar apresurado.
En el ocaso, tu fresca sonrisa.

Te miré partir en el carruaje,
ahogando en mi pecho los sollozos.
El oleaje te arrastró sin decir adiós.
Inerte quedé bajo el solitario techo.

Vuelve

Por favor vuelve
          que la vida se me va.

Mi existir carece de sentido,
          hondonada que no me deja respirar.

INSOMNIO

Bien mío, regresa.
Te sueño entre mis sábanas.
Largas noches de insomnio,
deliro despierta,
mis brazos inertes sin ti.

Si muero en este instante
y una nube negra
cubre mi cuerpo,
será para recordarte.

¡No puedo! ¡No quiero
borrarte de mi pensamiento!
Te llevo impreso en mi corazón
y tu mirada en mi inconsciente.

¿Cuándo?

¿Te has ido?
¿Estuviste alguna vez?
¿Llenaste mi vida?

¿Cuándo?

El eco de tu ausencia
retumba en mis oídos.
No percibo tu esencia
nublando mis sentidos.

Ya no me hacen vibrar
tus frágiles caricias
ni tus miradas furtivas.

Ya no.

CONSTELACIÓN

Te cruzaste en mi camino
como ráfaga,
como torbellino,
arrasando mis sentidos.

Ahora tan distante,
como la constelación de Orión,
permaneces en mi recuerdo
cercano a mi corazón.

Como un instante en el universo,
cual cometa fugaz,
a muchos años luz,
pasaste por mi vida
dejando una estela de ilusión,
un cúmulo de sentimientos.

DUELO

Cuando murió mi niña,
me sumí en el sopor nocturno.
Sonrisa desdibujada,
enlutada todo el tiempo,
pasaba de largo sin mirar.
Lejos, a la distancia,
amor, me taladrabas
con tu mirar profundo.

En los hilos del silencio,
con la intensa pena
de mi alma traspasada,
la fuerza de mi llanto
suavizó tu mirada indolente.
Surgiste en este pasaje
doloroso de mi vida.

Ávida de sonrisas y besos ocultos,
huidiza, me dejé envolver
en el éxtasis de la distancia,
en tímida plenitud
y sutiles transparencias.

SUSPIROS

Amor, me miras lejos,
me posees a cada instante,
sin tocarme siquiera,
cálido y distante.

Cuando encorvada caminaba,
a cuestas con el dolor lacerante,
me perdí en la magia de tus besos
sin rozar mis labios.

El calor invade mis adentros,
con él percibo tu presencia.
Llegas, cariño, a arrancar suspiros
a mi alma atormentada.

ABISMO II

Abisman en mí los recuerdos
de vientos ancestrales
y largas soledades.

Amor, me taladras
con tu olvido abrupto.
La fugacidad de tu entrecejo,
ávido de pasión,
se esfumó en un instante,
hundiose en el hermetismo.

Pasión frenética y delirante
fue tragada por el abismo,
donde la borrasca
fustiga mi soledad.

GALITA

I

Desde niño fue tu lema
luchar por sobrevivir
en la vida diaria,
a la adversidad nunca sucumbir.

Tenaz fue tu lucha
por llegar a la meta;
mil y un proyectos
para la cima alcanzar.

Te vi corriendo descalzo,
alegre tras las mariposas;
querías retener entre tus manos
su crisol de alas hermosas.

En la campiña, te embelesas;
a los pies de la montaña,
realizas tus proezas.

Versátiles fueron tus tareas
hasta perder el aliento,
corriendo como gacela,
ir contra el tiempo.

Alegre trotamundos
pregonando por siempre
que la vida no tenía pesares,
alejándote de los placeres inmundos.

Dejaste como ejemplo
jamás desistir,
que cada uno
forja su porvenir.

II

Se apagó la llama
que iluminaba mi sendero,
completa oscuridad.
El frío desgarra mi alma,
congela todo mi ser.

No concibo la vida sin ti,
no quiero, no me cabe
en el pensamiento
que te hayas ido para siempre,
que no estés a mi lado,
no puedo. No.

III

Huyendo como cobarde
me alejé de tu lado,
te dejé en la penumbra
abandonado.

Tu mirada suplicante
no supe interpretar;
te dejé en el incierto camino
de la oscuridad.

Tus manos frías,
tu frente perlada de sudor
tu acentuada palidez
fueron signos
que no quise mirar.

Tu partida inminente
y la impotencia
turbaron mi entendimiento.

IV

Como llama que se extingue,
el palpitar de tu cansado corazón
se fue haciendo lento,
como el ocaso en el horizonte
de tintes purpurinos.

El silencio llegó lento,
te así a mi cuerpo, a mi pecho,
como queriendo transmitir mi latido.
Me culpo y reclamo al Todopoderoso
el porqué de tu partida.

Se fuga mi alma en lo abstracto,
atravieso la línea ensangrentada,

me envuelve el torbellino
en la desesperanza.

V

Nunca desistir
fue tu lema.
Jamás flaquear.

Siempre fue tu meta
mirar hacia adelante,
caminando por el sendero del triunfo,
dejando a tu paso una estela de entereza.

Nunca desistir.
Pasaste hambre, frío,
soledad, injusticia e impotencia,
coraje y sed de triunfo.
Romper la valla con los brazos en alto
¡Nunca desistir!

VI

Me despedí aquella noche.
Besé tu frente, tus mejillas;
te dejé en ese frío espacio,
la cobardía me invadió.

No quise enfrentar tu muerte,
amargas pesadillas todo el tiempo,
al alba el canto de un ave
me sobresalta.

Bruscamente me incorporo,
voy a tu lado,
no articulas palabra alguna,
se perdieron tus funciones.

No puedo con los remordimientos,
debí quedarme
velando tu sueño.

Pasan uno, dos, tres días y nada,
tu cansado corazón se detuvo
a pesar de tu lucha intensa
no libraste la batalla.

En el último hálito de tu vida,
cubrí tu rostro con mis besos,
tomando tus manos entre las mías
en el momento de tu partida.

GRACIAS, SEÑOR

Gracias, Señor, por el amanecer.
Por la vida, te doy gracias.
Gracias porque puedo ver,
por el caminar te agradezco, Señor.

Porque puedo volar te doy gracias,
por sentir te agradezco, Señor,
por derramar una lágrima
te agradezco, Señor.

Por todo lo que me has dado,
por lograr mis metas infinitas, gracias,
por mis ideales,
por contemplar la luna,
por mirar el sol y las estrellas,
te agradezco, Señor,

Por mi corazón que late cada día
mi cerebro que no deja de pensar.
Mi alma está en paz,
te agradezco, Señor.

Por dos constelaciones temporales
que se fugaron al más allá,
que permanecerán por los siglos
de los siglos,
por esto y más,
¡te agradezco, Señor!

POEMAS BREVES

1

El río de aguas purpurinas
que corría bajo mis pies
como un presagio de la llegada
inesperada,
atormentada,
accidentada.

2

La fuerza de tu amor
como barrera infranqueable,
detuvo su caudal
inmenso,
amenazante,
indolente.

3

Libramos la batalla
venciendo la línea del tiempo.
Unidas mano con mano,
corazón con corazón,
arribaste en el instante preciso.

4

Cascada cristalina
cobijó mis anhelos.
Allá en la distancia
quedaron mis sueños.

5

Con la caída de las hojas
se aproximaba mi otoño,
con el ulular del viento
que te llevó tan lejos.

6

Nívea prenda que arropó
tus caricias,
tus manos ardientes
rodeando mi cuerpo,
anhelos cumplidos
instantes secretos,
dulces recuerdos
velan mis sueños.